# RAPPORT

## CONCERNANT L'IRRÉGULARITÉ

DE LA

## Gr∴ L∴ d'Egypte

Joseph SAKAKINI 33∴

*Maçon Ecossais*

Juin 1910.

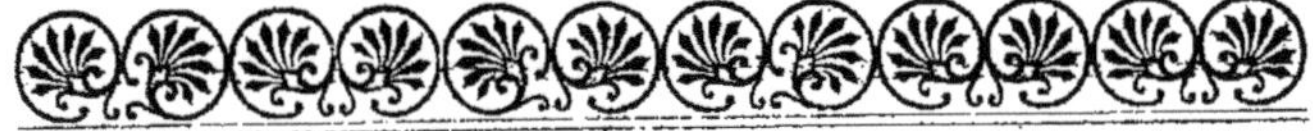



Mes TT.·. CC.·. FF.·.

Les années s'écoulent, les hommes disparaissent de la surface de la terre; mais, leurs actes restent à l'histoire et celle-ci ne s'efface pas, elle reste à la postérité.

Pour démontrer que la Gr.·. Loge d'Egypte présidée par le Fr.·. Idris Ragheb Bey est irrégulière, je dois citer quelques passages sur la base première de la Maçonnerie en Egypte.

Il est à la connaissance de tous les Pouvoirs Maçonniques, ainsi que à tous les anciens maçons que la Maçonnerie territoriale était basée sur le Rite Oriental de Memphis; c'était tout d'abord un Temple Mystique Souverain Grand Conseil des Patriarches 95.·. Conservateurs de l'ordre du Rite, en vertu d'une Patente émanant de Paris datée de l'an 1863 sub Nᵒ 2005 et délivrée à l'Egypte.

Plus tard par décision du f.·. Jacques Etienne Marconis qui avait réactivé et réorganisé le Rite dans la Vallée de Paris accorda une autre Patente à l'Egypte, avec le titre distinctif de

« **Grand Orient d'Egypte.** Ces Patentes se trouvent entre les mains
« du grand Hiérophante actuel le Fr∴ Idris Ragheb Bey 33∴
« 97∴ au Caire.

Le Grand Maître de l'Ordre en Egypte c'était feu Son Altesse
Halim Pacha de mémoire à respecter; son pro Grand Maître était
le t∴ ill∴ Fr∴ Marquis de Beauregard citoyen français. Son
Altesse Halim Pacha a été investi de La Grande Maîtrise jusqu'au
20 Décembre 1872.

Il est superflu de dire que le Tr∴ Ill∴ T∴ Puiss∴ Fr∴
Halim Pacha a été forcé de quitter l'Egypte; à ce départ forcé,
malheureusement pour l'Ordre en Egypte, y ont aussi participé
certains (pseudo) maçons qui s'étaient ral'iés à la Maçonnerie à
cette époque.

Il est de mon devoir de ne pas dévoiler les manœuvres inqua-
lifiables qui ont été employées, il suffit de dire que tout homme
de cœur même non appartenant à notre institution en serait indigné.

La Maçonnerie s'est trouvée dans une consternation complète
et les plus vaillants maçons ont été découragés au point de lais-
ser en somnolence les travaux des loges.

Par suite de certaines démarches faites dans les couloirs du
Palais Khédivial et l'appui de certaine autorité Consulaire; un
certain Solutore Avventore Zola qui a été un élève des Salé-
siens à l'Institut Don Bosco à Turin et initié à Alexandrie à la
la Loge « Saint Jean » connue sous le titre distinctif « Les Pyra-
mides » à la dépendance du Sérénissime Grand Orient de France;
S. A. Zola fut présenté à Son Altesse Ismaïl Pacha 1er Khé-
dive d'Egypte.

Après des pourparlers et l'influence de cette Autorité Con-
sulaire (bien connue) et que je me dispense de nommer; Son
Altesse a bien voulu accorder Son Haut Protectorat, être le Grand
Maître de la Maçonnerie Egyptienne, qui avait arrêté de fonc-
tionner, cause du départ forcé de son Grand Maître feu Halim
Pacha.

« Le fr∴ tr∴ ill∴ Marquis de Beauregard, français et à qui

« l'on doit l'organisation première en Egypte du Grand Orient, a
« été mis de côté et grâce à la bienfaisance et reconnaissance de
« S. A. Zola et ses consorts le regretté Marquis de Beauregard
« est mort dans la plus grande misère. Ont assisté à son enterre-
« ment quatre personnes et ff∴ maçons Feu Mahorcich, agent du
« Lloyd de son vivant et ex-Vén∴ de la Loge « Sinaï » de l'or∴
« de Suez ; le fr∴ Condili pharmacien à l'Attarin, mon feu frère
« Jules Sakakini et moi. » Le groupe Zola et consorts brillait
par son absence.

Je ne récrimine pas, mais il faut que les ff∴ voient dès le
début les sentiments innés dans ce groupe Zola, afin de ne point
être étonnés de ce qui est narré à la suite.

Donc Solutore Avventore Zola était chargé de l'organisation
de cette Maçonnerie, Grand Orient d'Egypte. Il s'allia quelques
ff∴ et a rédigé des Statuts lesquels d'accord avec ses accolytes
ont été approuvés par son décret du 21 Août 1873.

Dans ces Statuts il y fait un Collège des Rites, malgré que
le Grand Orient Sanctuaire de Memphis, n'avait qu'un seul Rite
de professé et n'avait aucun droit de professer le Rite Ecoss∴
anc∴ et acc∴, qui était sous la Présidence du Souv∴ Gr∴
Comm∴ Domenico Sciarrone 33∴ en vertu d'une Patente du
4 Septembre 1864, délivrée par le Sup∴ Cons∴ de Naples
« cette Patente que possédait le Sup∴ Cons∴ Ecoss∴ d'Alexan-
« drie a été déclarée et reconnue régulière à la Conférence Inter-
« nationale de Bruxelles en 1907 » ; de même il existait comme
il existe encore la Grande Loge Provinciale (de la Sér∴ Gr∴
Loge d'Angleterre) dont le Tr∴ Ill∴ Fr∴ feu Raph Borg était
le Lieut∴ pro-Grand Master en Egypte.

Le t∴ ill∴ f∴ Borg, le f∴ Sciarrone, réunis avec toutes
les Loges de la Vallée anglaises, françaises, italiennes, etc., lan-
cèrent une protestation foudroyante contre ce corps dont d'après
la teneur était composé de personnes dont la moralité maçonnique était des visées personnelles.

Les Statuts de 1873 composition de Zola et consorts furent
envoyés à plusieurs Pouvoirs Maçonniques; parmi ceux-ci, les
plus compétents n'acceptèrent pas cette organisation, taxée d'irrégulière, spécialement le prétendu Ecossisme sous la Présidence
d'un Grand Hiérophante au Rite Oriental de Memphis (voir Bul-
letin officiel du Sup∴ Cons∴ mère Sud Amérique Vol∴ III
N° I, pages 218, 219, lettre de Washington, 3 Avril 1876 du
Tr∴ Ill∴ Tr∴ Puiss∴ regretté et vénéré Fr∴ Général A∴
Pike à S. A. Zola.

Tous les pouvoirs réguliers Ecossais ont été du même avis.
La Gr∴ L∴ d'Angleterre **la première** ne peut admettre ni reconnaître le Rite Oriental de Memphis.

Les règlements de 1873 ont été du noir sur blanc, et non
observés par Zola ni ses acolytes. L'art. 47 des règlements de
1873 a été complètement foulé aux pieds et presque tout l'ensemble de ces Statuts est incorrect; car il n'y avait que le Rite
de Memphis qui appartenait de droit au Grand Orient Sanctuaire
des Patriarches 95∴ de Memphis et des Sublimes Mages 96.
(sic).

Le tr∴ c∴ f∴ Idris Ragheb a en ses mains mon rapport
in extenso sur ces Statuts et il est assez démontré que l'art. 47
est clair et précis; foulé aux pieds.

Et Zola et consorts ont tout fait dans leur intérêt; cela a
été sans se soucier des règlements ni du prestige de l'ordre.

Le Rite de Memphis et cette organisation Zola et consorts
avait donc soulevé des protestations énergiques de la part de
tous les ateliers et maçons étrangers réguliers contre eux.

Ces protestations sans contestation existent dans les archives
des Pouvoirs Maçonniques.

Le Solutore Avventore Zola et consorts voyant que ces protestations pouvaient nuire énormément à leurs vues et que ces Statuts de 1873 devenaient nuls et d'aucune valeur, surtout y ayant
spécifié un Collège des Rites n'ayant que le Rite Oriental de
Memphis dans son Grand Orient d'Egypte; des démarches furent

faites auprès du fr.·. Domenico Sciarrone 33.·. pour un traité d'union avec le Grand Orient et consolider l'Ordre Maçonnique en Egypte. En effet il y a eu accord et à la date du 1er Août 1875 le Suprême Conseil Ecossais, présidé par le Souv.·. Gr.·. Comm.·. Domenico Sciarrone 33.·. a fait un traité d'alliance avec le Grand Orient d'Egypte, et de cette façon, il y a été facile de dire « e dei Riti indipendenti » dans sa formule grandiose.

Ci, au sommaire, le Traité d'Union par lequel vous constaterez par les signatures qui y figurent, le seul fr.·. purement Ecossais c'est le Tr.·. Ill.·. Puiss.·. Fr.: Domenico Sciarrone 33.·. Souv.·. Gr.·. Comm.·., tandis que les autres étaient des Memphitiques associant à leur signature les degrès Ecossais sans droit.

Par ce traité d'union il est facile de voir que le Chef de l'Ecossisme, c'était fr.·. Domenico Sciarrone 33.·.

La Gr.·. L.·. d'Angleterre par son Lieut.·. Pro-Grand Master avait lancé des circulaires à toutes les Loges de ne pas entrer en relations avec les ff.·. à la dépendance de ce corps dit Maçonnique ; mais quand le Tr.·. Ill.·. Fr.·. Domenico Sciarrone 33.·. purement Ecossais a fait le traité d'union avec le Zola ; ce dernier a pu à la date du 15 Décembre 1875 obtenir une convention pour être reconnu par la Grande Loge d'Angleterre.

En effet (voir la convention A No 1 passée entre Zola et le f.·. Raph. Borg et vous y constaterez qu'il est précisé que le **Grand Orient professait deux Rites celui de Memphis et l'Ecossisme.** Que dans cette convention il est bien précisé que les deux Rites sont indépendants et que la demande de reconnaissance près la Gr.·. L.·. d'Angleterre se base sur le **Rite Ecossais purement et simplement, répudiant le Memphitique de cette Convention.**

Convention je répète claire et précise pour le Rite Ecossais ancien accepté, qui avait fait alliance dès le 1er Août 1875.

Le Zola après cette convention a cherché à faire reconnaître aussi le Rite de Memphis, mais cela n'a pas réussi ; c'est alors que à la date du 8 Mai 1876, il s'est vu contraint de faire le décret No 77 bis. (Voir au sommaire copie in extenso) par lequel il décrète la constitution de la Grande Loge Ecossaise. Il mentionne que le vote unanime de toutes les Loges de l'obédience **est de travailler au Rite Ecossais anc∴ et acc∴**, et cela afin de séparer les trois premiers degrès, base de la Maçonnerie et **à donner à chaque section ou Corps leur juridiction compétente.**

Dans ce décret il est dit à l'art∴ 1er que la Gr∴ Loge est définitivement fondée (donc ce décret doit concerner l'Ecossisme) puisque le Memphis est répudié par l'Angleterre et que le Gr∴ Orient n'avait pas d'autres Rites dans son Collège des Rites. Le Rite anglais appartient à la Gr∴ L∴ d'Angleterre, et celle-ci n'a reconnu la Gr∴ Loge après; attendu que f∴ Borg avait fait la convention Zola du 15 Décembre 1875.

Il est dit, que cette Gr∴ L∴ est dirigée (ou administrée) provisoirement par les Statuts de l'ordre (ce qui signifie ceux de 1873) nuls pour l'Ecossisme. Cette Gr∴ L∴ (Ecossaise) est indépendante de tout autre Corps, en ce qui concerne la partie dogmatique et administrative. Elle commencera ses élections annuelles à partir de l'année 1879, ( donc indépendante du Grand Hiérophante).

Elle exerce sa juridiction sur toutes les Loges Symboliques **de l'Obédience,** en ce qui concerne les trois premiers degrès, apprenti, compagnon et Maître.

**C'est bien clair, c'est une Grande Loge Ecossaise, Section Ecossaise** conformément au décret de Zola du 8 Mai 1876 77 bis, donc ce n'est **pas une autorité territoriale absolue,** elle était décrétée être à la dépendance Ecossaise seulement, et Section **pour les Loges de l'Obédience du Corps Ecossais allié au Grand Orient de Memphis.**

Pouvez-vous me dire t∴ c∴ f∴ Idris Ragheb Bey quand a eu l'installation définitive de cette G∴ Loge décrétée Ecossaise ?

Pouvez-vous me dire d'où vient cette Gr∴ Loge au Rite anglais, citée dans le Concordat du 25 Mai 1879 ? Ce concordat est absurde, ce concordat est incorrect, c'est une tromperie à l'ordre

Maçonnique en Egypte et au Monde Maçonnique et tout spécialement on a trompé la Sérénissime Gr.·. Loge d'Angleterre.

La convention du f.·. Raph. Borg du 15 Décembre 1875
répudie le Memphis; f.·. Borg informe la Gr.·. L.·. d'Angleterre à la date du 15 Avril 1876 et 24 Juin 1876 que c'est à
l'Ecoss.·. que la démarche Zola est faite pour la reconnaissance
des trois degrès Ecossais; et dans la convention il y est mentionné que le Gr.·. Orient **professe seulement deux Rites Memphis
et Ecossais.**

Il est clair et précis que le Rite anglais n'était pas professé par
le **Gr.·. Or.·. ni aucune de ces Loges;** voulez-vous me dire
par quel décret la Gr.·. Loge a répudié l'Ecoss.·. et les Loges
ont embrassé le Rite anglais?

Admettant le cas que toutes les Loges auraient été au Rite
anglais; elles auraient été alors à la dépendance de la Gr.·.
Loge Provinciale d'Angleterre; car ce Rite appartient à la Ser.·.
G.·. L.·. d'Angleterre.

Cela donc est inadmissible d'après ce concordat du 25 Mai
1879 nouveau style et à l'ancien style à l'an d'or 1500.

Je répète que si même il est admissible par ipothèse, le décret du 8 Mai 1876 deviendrait donc nul d'aucune valeur non
être en faveur du Rite anglais, puisque il y a de décrété et déclaré
que les Loges professent le Rite Ecossais.

Donc le Concordat est contraire au vrai et au droit; car les
Loges étant décrétées Ecossaises, ce Rite dépend de l'Ecossisme
indépendant surtout du Memphis, tandis qu'il est dit dans ce concordat «émane d'un Pouvoir Memphitique.»

«Pour obtempérer aux dispositions du décret du 8 Mai éma
«nant de l'autorité de l'Ill.·. et T.·. Puiss.·. Gr.·. Hiérophante
«Grand Maître du Grand Orient d'Egypte Suprême Conseil des
«Très Puissants Patriarches Grands Conservateurs du Rite Orien
«tal de Memphis.»

T.·. c.·. f.·. Idris Ragheb. Les Loges décretées Ecossaises
sont celles qui ont donné droit à la Constitution de la Gr.·. Loge

et comment le concordat est fait avec un Grand Hiérophante, lequel se déclare Pouvoir créateur de cette Grande Loge?...? Comment peut-il avoir créé une Grande Loge à un Rite qui le Grand Orient ne professait pas (sic). Zola était-il Grand Hiérophante du Rite anglais et c'est lui qui a fondé cette Grande Loge au Rite anglais, quand jamais il y a eu des Loges à ce Rite pour se réunir en couvent et se constituer en Grande Loge?

Dans la convention Borg et Zola du 25 Décembre 1875 à l'art. 2° il est dit que le Gr∴ Or∴ d'Egypte cumulant les Rites dans son sein les Rites réguliers auraient été aussi reconnus par la Gr∴ Loge d'Angleterre.

Le Gr∴ Or∴ avait-il le Rite anglais? Non! Où est le décret de ce Rite! D'où émane-t-il???

Donc cette Gr∴ Loge que vous présidez, vous devriez connaître son origine et quelles sont les Loges qui existaient à ce Rite, pourriez-vous me les citer et leur date d'installation?

Demandez à Zola il vous le dira tout aussi bien que f∴ Oddi; si je ne me trompe ce dernier croit que c'est à l'an d'or 1500, suivant l'organe Maçonn∴ l'Egitto Massonico N° 3, 1er Août 1900, page 7.

Cette date mirabolante n'est pas une énigme pour certains. Ce qui est passé inaperçu ne peut plus rester dans le silence, malgré toute la bonne volonté employée à vous dire mettez-vous dans la bonne voe.

1° Il est prouvé que le Rite de Memphis est répudié par l'Ecossisme et par la Ser∴ Gr∴ Loge d'Angleterre.

2° Que le 25 Décembre 1875 la convention Borg et Zola répudie le Rite de Memphis et déclare que **c'est à l'Ecossisme** que la demande de reconnaissance est adressée.

3° C'est à **ce Rite Ecossais** que la Ser∴ Gr∴ L∴ d'Angleterre a bien voulu reconnaître la Gr∴ L∴ d'Egypte et cela en date du 18 juillet 1876.

4° Que c'est à ce Rite que la Gr∴ Loge d'Angleterre l'a

reconnue, attendu que dans la Gr∴ L∴ d'Egypte soit au Gr∴ Or∴ il n'y avait que **ce Rite Ecossais** et **le Memphis** de professé et il **n'y avait pas de Rite anglais**; ce Rite appartient à la Sérénissime Gr∴ Loge d'Angleterre.

5º Que du concordat du 25 Mai 1879 il ressort que c'est du Grand Hiérophante Zola qu'émane la création de la Gr∴ Loge d'Egypte.

6º Que ce concordat est absurde irrégulier, car un Grand Hiérophante de Memphis **ne peut pas créer des Loges à un Rite anglais** et encore bien moins alors une Gr∴ L∴ au Rite anglais.

7º Que ce Rite appartient à la Grande Loge Mère d'Angleterre, que celle-ci aurait dû être alors la créatrice des Loges à son Rite en Egypte qui ont formé la Grande Loge.

8º Que ce serait alors à la Gr∴ Loge d'Angleterre qu'incombait le droit de décréter la Gr∴ Loge d'Egypte et non à un Grand Hiérophante d'un Rite Memphitique que l'Angleterre **même répudie.**

9º Que assurément la Gr∴ Loge d'Angleterre doit avoir sincèrement cru que la Gr∴ Loge d'Egypte avait été réellement constituée en base du rapport à Elle adressé les 29 Avril 1876 et 24 Juin 1876 par le f∴ Raph. Borg.

10º La Gr∴ Loge d'Angleterre si scrupuleuse n'aurait pas permis et ne peut admettre qu'un Grand Hiérophante de Memphis crée et décrète une Grande Loge du Rite anglais comme étant de sa fondation à lui, Président Memphitique.

11º La Gr∴ L∴ d'Angleterre, peut-elle admettre que ce concordat est régulier? Non!

Est-il admissible qu'une Gr∴ Loge de son Rite, soit fondée par ce Grand Hiérophante et que les deux Rites anglais et Memphitique soient professés ensemble dans une même Grande Loge dite créée à son Rite sans base fondamentale de la procédure requise tout spécialement pour la formation d'un Corps régulateur? Non!

Il aurait fallu avant tout conformément au décret du 8 Mai 1876 commencer à installer la Gr∴ Loge au Rite Ecossais anc∴ et acc∴, lui remettre et soumettre en assemblée générale du 29 Mai 1879 les Statuts spécialement élaborés pour son administraiton dogmatique. Publier ses statuts, les soumettre à l'approbation de l'assemblée générale et les envoyer aux Puissances.

Ensuite conformément à l'article 2º de la convention Borg et Zola, si la Gr∴ Loge décétée et installée définitivement Ecossaise aurait voulu répudier l'Ecossisme et ne professer que le Rite anglais, elle devait décider cela en assemblée générale après sa définitive constitution et solliciter de la Ser∴ Gr∴ Loge d'Angletère Mère du Rite de la reconna.tre à ce nouveau Rite.

Tout ce qui a été fait dans les couloirs par le Zola et consorts est irrégulier et c'est drôle que à la tenue du 29 mai 1879 l'on donne lecture d'un concordat passé le 25 Mai 1879 avec un Corps d'un Rite qui n'existait pas dans la Pyramide de la Maçonnerie Egyptienne.

Ceux qui ont participé à ces irrégularités ont mal agi; en Maçonnerie comme en tout, et pour tout. « Travailler pour soi quand on est honnête c'est rendre service aux autres, à l'humanité. » Mais dans cette situation très pénible ceux qui n'ont pensé qu'à **leurs vues et intérêts personnels**, ont rendu de mauvais services à leurs successeurs, à la Maçonnerie, à l'Egypte et à l'humanité. Car aujourd'hui la situation doit être mise au lelair, surtout après les abus continuels de certains dirigeants de la Maçonnerie en Egypte; ce qui est étonnant c'est que le f∴ Raph. Borg après avoir répudié l'Ecossisme dans sa convention avec Zola du 15 Décembre 1875. Après avoir reconnu et déclaré que le Grand Orient n'avait que deux Rites l'Ecossais et le Memphitique, il ait accepté à mettre sa signature comme deuxième Grand Maître Adjoint de la Gr∴ Loge d'Egypte à côté de celle d'un Grand Hiérophante du Rite de Memphis dans ce concordat du 25 Mai 1879.

En outre, ce qui est encore plus surprenant, c'est que lui

f.·. Raph. Borg Lieut.·. pro-Grand Maître de la Séréniss.·. Gr.·.
Loge d'Angleterre à la Gr.·. Loge Provinciale en Egypte, il ait
accepté que ce Grand Hiérophante dans ce même concordat se
soit déclaré créateur fondateur de cette Gr.·. Loge au Rite anglais quand ce Rite méconnaît le Rite de Memphis. Le f.·. Raph.
Borg lui-même dans sa convention du 15 Décembre 1875 répudie
le Memphis. Dans cette même convention il déclare qu'il n'existe
que deux Rites dans le Gr.·. Orient, comment a-t-il pu passer
sous silence et pourquoi? des faits si incorrects et contraires à
la Jurisprudence Maçonnique?

Est-ce une création nouvelle qu'ils ont cru de faire? C'est
encore une grave erreur à ajouter aux Statuts de 1873?

Certains survivants connaissent l'énigme et pour ne pas ag-
graver la situation qui est créée à la Maçonnerie par la conduite de cette Grande Loge présidée par le fr.·. Idris Ragheb
33.·. 97.·. il est dans l'intérêt de toute la Maçonnerie de reconnaître l'irrégularité de cette Grande Loge.

Cela fera mettre sous les cendres et ensevelir certains faits,
lesquels si connus par l'ordre entier, on regrettera et peut-être
trop tard, d'avoir protégé cette Grande Loge irrégulièrement déclarée autonome et Pouvoir territorial par cette fausse procédure
de Zola et consorts.

Cette conduite de la Gr.·. Loge m'oblige à rappeler que en
1883 Zola a abdiqué son Grand Hiérophantàt à Frère Degli Oddi
Ferdinando, lequel à la suite de la conduite de la Gr.·. Loge
d'Egypte, il a été obligé le 30 Mai 1897 de dénoncer le Concordat du 25 Mai 1879.

Que en 1901 voir «l'Egitto Massonico» nuovo periodo N° 5
du 18 Juillet, le Grand Hiérophante fr.·. Oddi a été obligé d'agir
sévèrement contre le fr.·. Idris Ragheb 96.·. Gr.·. Ma.tre de la
Gr.·. Loge d'Egypte.

Que dans cette fâcheuse question les ff.·. Mario Colucci et
feu Luigi Zaya avocats ont dû intervenir pour les réconcilier. Qu'il
a fallu un décret du Gr.·. Hiérophante Oddi pour réassoir à la

Présidence de la Gr.·. Loge le f.·. Idris Ragheb 33.·. 96.·.; ceci prouve que c'est le Gr.·. Hiérophante qui lui a donné les pouvoirs.

Que après réconciliation, le f.·. Idris Ragheb a fait des démarches *in camera caritatis* pour avoir aussi le Grand Hiérophantat et en effet le f.·. Oddi a abdiqué en faveur du f.·. Idris Ragheb le Grand Hiérophantat du Rite de Memphis Grand Maître des Souverains Patriarches 95 et des Sublimes Mages 96.·. et lui en sa qualité est 97.·.

Que dites-vous mes tt.·. cc.·. ff.·. de cette cumulation de Grandes Maîtrises.

Que doit dire la Sér.·. Gr.·. Loge d'Angleterre d'un Gr.·. Maître d'une Gr.·. Loge au Rite anglais et qui se dit régulière et Souveraine dans le territoire, Rite qu'elle professe sans droit aucun et qui est en même temps Grand Hiérophante du Rite de Memphis, qu'elle-même Sér.·. Gr.·. Loge a répudié ce Rite dans la Convention du 15 Décembre 1875 passée avec Zola par Fr.·. Raph. Borg Lieut.·. Pro-Grand Master du District Grand Lodge d'Angleterre ?

Cette Gr.·. Loge aurait mieux fait de professer l'Ecossisme, base régulière du Décret, du 8 Mai 1876; c'était au Président du Sup.·. Cons.·. Ecoss.·. à l'installer, à lui faire un concordat d'autonomie pour l'administration des trois premiers degrés et non à un Grand Hiérophante (Zola) qui s'arroge un droit qu'il n'a pas et avoir le courage de se dire Pouvoir créateur de cette Grande Loge au Rite anglais dans le concordat.

La Gr.·. Loge d'Egypte aurait été une Section régulière Ecossaise en Egypte; tandis qu'Elle est irrégulière, et ce qu'il y a de plus navrant c'est que le Grand Maître de ce Corps irrégulier c'est le f.·. Idris Ragheb et il a déclaré que cette Grande Loge méconnaît le Sup.·. Cons.·. Ecossais territorial.

Et c'est une Gr.·. Loge si irrégulière que l'on a cru être le Pouvoir Maître des trois premiers degrés en Egypte? Elle n'est pas régulière et elle doit cesser de vivre.

« Lorsque un effet de commerce est mis en circulation et
« que sa nulle valeur est constatée, on le met hors de circulation
« et on le détruit. »

J'ai tout espoir et la ferme certitude que les vrais maçons
approuveront cet exposé ; il faut mettre un terme aux abus de
cette Gr∴ Loge pour le bien de l'ordre entier.

Aux grands maux, les grands remèdes.

Recevez ttt∴ ccc∴ fff∴ m∴ s∴ tr∴, empressées !

**Joseph SAKAKINI**

*Maçon Ecossais.*

# SOMMAIRE

Trattato d'unione fra il Pot∴, Gr∴ Ierofante Gr∴
Maestro del Gr∴ Or∴ d'Egitto Fr∴ S. A. Zola
le l' Ill∴ F∴ Domenico Sciarrone 33∴ Gr∴
Commen∴ ad vitam del Sup∴ Cons∴ dei
33∴ del Rito Scozzese antico ed accettato.

---

Animati dal vivo desiderio di cooperare al consolidamento
del Gr∴ Or∴ Egiziano considerio di unire in un sol fascio tutti
quegli elementi massonici che possono contribuire al suo lustro
e progresso gl'Ill∴ e P∴ infrascritti FF∴ convennero come appresso.

Art. 1. — Il Pot∴ Fr∴ D. Sciarrone fa piena e completa
unione col Sup∴ Cons∴ Gr∴ Oriente d'Egitto e s'impegna ora
e per sempre di adoperarsi per quanto in lui stà ed in forza di
tutti i poteri e prerogative massoniche di cui egli è rivestito, al
consolidamento ed alla prosperità del Gr∴ Or∴ d'Egitto non
che al progresso dei singoli Corpi che ni dipendono ed allo avanzamento morale dei FF∴ che vi appartengono.

Art. 2. — Il Pot∴ F∴ S∴ A∴ Zola, quale Gr∴ Ierofante
Gr∴ Maestro del Gr∴ Oriente d'Egitto ed in virtù degli illimitati poteri accordatigli dal Sup∴ Cons∴ e confermatigli dalla
Costituente accetta di buon grado la cooperazione del Pot∴ F∴
Sciarrone, e unendosi a lui in completa fusione, lo nomina suo
2 Gr∴ M∴ Aggiunto e **Presidente del Sup∴ Cons∴ dei 33∴ per
la Sezione de Ritto Scozzese Antico ed Accettato.**

Art. 3. — I PP∴ F∴ S. A. Zola e D. Sciarrone prestano il
più solenne giuramento innanzi a Dio G∴ A∴ D∴ U∴ nella
loro qualità, titoli e poteri di riunire ora e per sempre e lavorare alacremente al consolidamento e perfezionamento della Piramide massonica del Gr∴ Oriente d'Egitto, alla quale entrambi
inviolabilmente appartengono.

Del presente trattato d'unione, esteso dal Gr∴ Segretario

dell'Ordine ed attestato da lui e dal Gr∴ Segretario Aggiunto, non che accettato dalle parti contraenti, furono scritte tre copie una per gli Archivii dell'Ordine e due pei contraenti.

Dato, letto ed approvato il di 9, del VI mese, dell'anno V∴ L∴ 000,875∴ corrispondente al 1 Agosto 1875 E∴ V∴

Visto letto ed approvato.

*Il Gran Maestro Grande Ierofante del*
*Grande Oriente d'Egitto*
**S. A. Zola 33∴ 96∴**

*Il Gran∴ Maestro del Santuario∴*
*I. G∴ Maestro Aggiunto del Gr∴ Or∴*
**I. de Beauregard 33∴ 96∴**

*Il Gran Commendatore ad Vitam*
**Sciarrone Domenico. 33∴**

*Il Grand Segretario*
**F. F. Oddi 33∴ 95**

*Il Gran Segretario Aggiunto*
**Raffaele Scarrozza 93∴ 95∴**

*Visto e Registato*
*Il Gran Guardasigilli*
**Pand. Dilbersglue 33∴ 95∴**

# Progetto di riconoscimento del Gr∴ Or∴ d'Egitto da parte della Gr∴ Loggia d'Inghilterra.

Dalla Costituzione del Gr∴ Or∴ d'Egitto pubblicata nel Bollettino Ufficiale di Dicembre 1875, di cui copia è qui annessa, risulta che il suddetto Gr∴ Or∴ professa il Rito Scozz∴ ant∴ ed acc∴ ed il Rito di Memfi.

Risulta ancora dalla Costituzione suddetta che i suddetti Riti sono indipendenti l'uno dall'altro, e posseggono due Sezioni distinte:

Il Gr∴ M∴ del suddetto Gr∴ O∴ d'Egitto, desideroso di vedere stretti i legami Mass∴ colla G∴ L∴ d'Inghilterra, ma conscio d'altronde che il Rito di Memfi non è ammesso dalla Gr∴ suddetta, propone:

1° Ché la Gr∴ L∴ d'Inghilterra riconosca il Gr∴ Or∴ d'Egitto inquanto concerna il Rito Scozz∴ Ant∴ ed Acc∴.

2° Che il G∴ O∴ d'Egitto, ammettendo la cumulazione dei Riti, tutte le LL∴ sotto sua obbedienza, che professano i Riti, riconosciuti dalla G∴ L∴ d'Inghilterra, saranno da quest'ultima parimenti riconosciuti.

Fatto in triplo originale.

Cairo il 15 Dicembre 1875.

(F°) S. A. Zola (F°) Raph. Borg.

## A∴ G∴ D∴ G∴ A∴ D∴ U∴

*Decreto N° 77 bis.*

Noi S. A. Zola Gran M∴ del Grand'Or∴ Egiz∴ e Presidente dei Riti indipendenti;

Presi in debita considerazione tutti i lavori di riordinamento sin'ora attuati da questo Grand'Oriente e dai diversi Corpi che vi appartengono.

Visto il voto unanime di tutti le RR∴ LL∴ dell'Obbedienza per cui chiedono di lavorare al Rito Scozzese Antico ed Accettato;

Affine di sceverare i tre primi gradi simbolici, vera base d'ogni ben'intesa Massoneria, e per definire la guiridizione competente ai singoli ed a ciascuno dei Corpi che in armonia concorrono a conformare la Piramide del Gr∴ Or∴ d'Egitto;

Consultati gli Statuti generali dell'Ordine, nonchè i diversi Regolamenti organici dei Riti indipendenti, ed in forza dei poteri di cui ci troviamo rivestiti;

Abbiamo decretato e decretiamo:

Art. Primo. — La Gran Loggia Nazionale Simbolica definitivamente fondata, sarà composta oltre dei Dignitarii, i cui nomi figureranno sul Bollettino Ufficiale, di tutti i Venerabili delle Log∴ dell'obedienza. La Gr∴ Log∴ è retta provvisoriamente cogli Statuti dell'Ordine. Essa è indipendente da qualunque altro Corpo, sia per quanto concerne la parte dommatica, che l'amministrativa. Essa principierà le sue annue elezioni dall'anno 1879. Tiene le sue sedute regolari ad ogni trimestre. Esercita la sua giuridizione sopra tutte le Log∴ Simboliche dell'Obedienza, e sopra quanto si riferisce ai tre primi gradi di Apprendista, di Compagno e di Maestro, che esclusivamente le appartengono.

Art. Secondo. — I Supremi Consigli dei riti indipendenti, sepa-

rati per il Domma e per l'Amministrazione dalle Log.·. Simboliche e dalla Gr.·. Log.·. che li governa, esercitano, a norma dei
loro Statuti organici una giuridizione diretta sui Corpi da loro
dipendenti, coi quali e per i quali amministrano i gradi detti di
perfezione, dal Quarto al Trentatresimo, e da questo al più sublime grado dei riti indipendenti

Art. Terzo. — Il Grand Oriente d'Egitto considerato qual Dieta
federale della Massoneria Egiziana, è un potere generale ammi-
nistrativo, è non dottrinale e particolare, Esso rappresenta innanzi l'Autorità Civile e le Potenze Massoniche estere l'intiero
Corpo. Esso amministra la cassa di beneicenza generale, tiene,
dirige e trasmette la corrispondenza estera pone il visto su tutti i
titoli emanati dai diversi Corpi, o diretti ad essi, e servi di me-
diatore ed armonizzatore tra i medesimi. Esso è composto di
membri eletti in egual numero nel seno della Gran L.·. e tra i
membri dei Supremi Consigli dei riti indipendenti. Il suo Presidente è nominato per elezione dei membri tra il G.·. M.·. della
G.·. L.·. e i Presidi dei Riti Indipendenti Decorso il periodo di
transitoria preparazione, le sue elezioni saranno annue. Tiene
le sue sedute regolari una volta al mese.

Art. Quarto. — Vengono provvisoriamente mantenuti gli Statuti generali dell'Ordine, per tutto ciò che non cade in contradi-
zione colle disposizioni del presente Decreto.

Art. Quinto. — I dignitarii della Gran Log.·. dei Supremi
Consigli e del Grand'Oriente, vengono riconfermati nelle loro
cariche, secondo il quadro costitutivo da pubblicarsi nel Bollettino Ufficiale, sino a che abbiano luogo le elezioni generali.

Art. Sesto. — Una Commissione, da noi nominata, compilerà
a tenore del presente Decreto un Regolamento dettagliato, che
sarà il periodo di preparazione.

Art. Settimo. — Il presente Decreto, sarà pubblicato nel Bollettino Ufficiale dell'Ordine, e la sua esecuzione è affidata al

nostro Primo Gran Maestro aggiunto l'Ill.·. e Pot.·. F.·. Marchés Giuseppe De Beauregard.

Dato dalla Sede del Grand'Oriente il dì VIII del III mese dell'Anno di V.·. L.·. 000876 (8 Maggio 1876).

Il Gran Ma.·. dei Riti Ind.·.
S. A. Zola

Per l'Eseeuzione
Il primo Gran Maes.·. Ag.·.
**G. de Beauregard**

Il Gran.·. Seg
**F. F. Oddi**

Il Gran G.·. Sig.·.
**P. L. Dilberoglue**

**Nota.** — Il y a des contradictions dans ce decret.

Sur l'accord convenu entre le fr∴. S. a. Zola et le fr∴.
Raph Borg Lieut grand Maître de la grande Loge
Provinciale d'Angleterre en Egypte et la lettre écrite
à la gr∴ L∴. d'Angleterre pour faire reconnaître la
Gr∴. L∴. d'Egypte au Rite Ecoss∴. ane∴. accepté.


La Gr∴. L∴. d'Angleterre répond ceci :

18 Juillet 1876<br>
Fremasons' Hall London W. C.

My dear Sir and W. Brother,

I beg to acknowledge receipt of your favours of the 29th
April and 24th ult., and beg now to inform you that The Most
Worshipful.

Pro Grand Master the Earl of Carnavon has decided to recog-
nize the Grand Lodge of Egypt so far as the three Degrees of
E. Ap∴. F∴. C∴. M. M∴. are concerned, this decision being
based upon the satisfactory report you have made.

It must of course be understood that the rights and privileges
of the Lodges at present working under the English Constitution,
are to be fully recognized and acknowledged by the Grand
Lodge of Egypt; The most Worshipful Pro Grand Master does
not however consider any interchange of Representatives neces-
sary, as all business can be carried on between regular officers
of each Grand Lodge.

I shall feel obliged if you will communicate the foregoing
to the Grand Master of Egypt, and if you will favour me with
his name and address, I will write him officially on the subject.

With many thanks for the attention and trouble you have
given to and taken in the matter.

I am<br>
Dear Sir and W. Brother<br>
Yours fraternally

**John Hervey G∴. S∴.**

Le 28 Juillet 1876 le fr∴ Raph. Borg adresse
la lettre suivante à S. A. Zola.

Con molto piacere vi trasmetto copia di una Tav∴ della cadente luna che vengo di ricevere dal Gran Seg∴ d'Inghilterra.

Detta tav∴ mi dà lieta nuova che il Conte di Carnavon, ha deciso di riconoscere la G∴ L∴ d'Egitto, in quanto ha rapporto ai tre gradi di App∴ Comp∴ e Mass∴

Resta però inteso che la G∴ Log∴ d'Egitto riconosce pienamente ed ammette i diritti ed i privilegi delle Off∴ già esistenti sotto l'Obb∴ della Gr. Log∴ d'Inghilterra.

Augurando ogni miglior successo alla novella Gr∴ Log∴ vogliate gradire, Pot∴ e Car∴ Fr∴ il Tripl∴ Mist∴ Ampless∴

del  Vostro fratern∴

**Raph Borg**

*Luog∴ Gr∴ M∴ pel Dist∴ d'Egitto*

*Obed∴ Gr∴ L∴ d'Inghilterra*

**Nota**. — La Gr∴ Loge d'Angleterre d'après la lettre du 18 Juillet 1876 et celle-ci haut n'aurait pas dû créer d'autres Loges; elle devait se limiter à celles existantes au 18 Juillet 1876. La Gr∴ Loge d'Angleterre a créé et crée encore des Loges en Egypte, c'est qu'Elle sait pertinemment que la Gr∴ Loge d'Egypte est irrégulière.

Preuves incontestables que la Grande Loge d'Egypte a eu ses pouvoirs d'autonomie par le Grand Orient du Rite de Memphis, Rite répudié par l'Ecossisme et la Grande Loge d'Angleterre, France, Italie, Grèce, etc..

*Traduction*

A∴ L∴ D∴ G∴ G∴ D∴ L'U∴

Pour obtempérer aux dispositions du Décret du 8 Mai 1876 émanant de l'autorité de l'Ill∴ et T∴ Puiss∴ Grand Hiérophante Grand Maître du Grand Orient d'Egypte Suprême Conseil des Très Puissants Patriarches Grands Conservateurs du Rite Oriental de Memphis et pour effectuer les décisions souvent discutées et adoptées par la Ser∴ Grande Loge Nationale d'Egypte.

Dans le but de tenir toujours ferme, inaltérable et durable l'union fraternelle qui doit régler la vie et les rapports des deux Puissances Maçonniques appelées à soutenir par divers systèmes les destinées de la Franc-Maçonnerie dans la Vallée du Nil.

Pour que le progrès des deux Respectables Rites soit également assuré et cela sans léser aucunément les droits que les Puissances Confédérées pourront acquérir à l'étranger.

Pour donner la preuve la plus patente de leur déférence envers les Puissances homogènes et du même Rite avec lesquelles se trouvent en relation de correspondance, d'amitié et alliance.

Le Ser∴ Grand Orient d'Egypte Suprême Conseil Memphitique d'une part et...

La Ser∴ Grande Loge Nationale d'Egypte du Rite des Maçons Libres Anciens et Acceptés d'autre part.

Les Chefs Suprêmes de ces deux Puissances, en leurs noms et qualités actuels, ainsi que pour leurs Successeurs légitimes; sont d'accord de formuler, établir et accepter, comme ils ont formulé, établi et accepté par les présentes,

Art. 1. — Le Ser∴ Grand Or∴ d'Egypte Sup∴ Cons∴ des TT∴ PP∴ GG∴ Cons∴ du Rite Or∴ de Memphis et la Ser∴ Grande Loge Nationale d'Egypte au Rite des Maçons Libres Anciens et Acceptés sont entre eux considérés reconnus et déclarés **Puissances Maçonniques Indépendantes et Souveraines**.

Art. II. — La Ser∴ Gr∴ Log∴ Nat∴ d'Egypte est l'unique autorité Suprême Symbolique tant pour le Dogme que *pour* l'Administration. Elle gouverne et gouvernera toutes les Loges Symboliques régulières qui actuellement existent ou qui puissent surgir à l'avenir dans la Vallée du Nil; les grandes d'Apprenti, Compagnon et de Ma.tre lui appartiennent exclusivement.

Art. III. — Le Grand Hierophante Chef Suprême du Rite Oriental de Memphis, ici présent et contractant, vu que le Ser∴ Gr∴ Orient d'Egypte, Supr. . Cons∴ des TT∴ PP∴ G∴ CC∴ avait déjà cédé en faveur de la Ser∴ Gr∴ Loge Nat∴ tous ses droits sur les trois premiers Grades Symboliques pour l'Egypte désirant lui aussi contribuer davantage à la considération et au progrès de la dite Gr∴ Loge Nationale déclare en son propre et ses Successeurs légitimes de renoncer comme définitivement Il a renoncé et renonce par les présentes, à Son droit inhérant d'initier les profanes au Symbolisme et cela pour la seule Vallée du Nil, c'est-à-dire pour l'Egypte et dépendances.

Art. IV. — La Ser∴ Gr∴ Loge Nationale d'Egypte pour prouver son immense gratitude envers l'Ill∴ F∴ S. A. Zola, son fondateur et premier Grand Ma.tre vu qu'il occupe ad vitam la Charge Sublime de Grand Hiérophante pour le Rite de Memphis Elle lui accorde personnellement durant sa vie le droit de lui demander et d'obtenir, chaque fois qu'il Lui plairait l'initiation immédiate de quelque profane que ce soit muni de son écrit à tel effet.

Les profanes proposés par le Grand Hiérophante S. A. Zola ne seront pas soumis aux formalités d'enquêtes et de votes; les Loges où ils seront initiés pourront les accepter comme membre actifs

A l'avènement d'un autre Grand Hiérophante la prérogative que la Grande Loge accorde aujourd'hui au Très-Ill∴ et T∴ Puis∴ F∴ S. A.. Zola cesserait de facto et de jure et l'article troisiéme rentrerait en plein vigueur.

Art. V. — Tout dignitaire du Grand Orient d'Egypte Sup∴ Cons∴ de Memphis, qui lui plairait de visiter, soit la Gr∴ Log∴

soit les Loges Symboliques y sera fraternellement reçu avec les mêmes honneurs rétribués, correspondant aux mêmes charges Symboliques, mais ces honneurs ne lui accorderont aucun droit ou prérogatives, ni en ce qui concerne le Dogme ni en ce qui concerne l'Administration; les membres du Gr.·. Orient Sup.·. Cons.·. de Memphis qui ne sont pas Dignitaires seront fraternellement reçus comme Past-Masters.

Art. VI. — Une réciprocité parfaite d'égards fraternels sera scrupuleusement observée par le Gr.·. Orient Sup.·. Cons.·. de Memphis en toutes les Loges Symboliques qu'il aurait à l'étranger ainsi que toutes les cérémonies et fêtes accessibles aux trois premiers grades.

Art. VII. — Le présent concordat signé par l'Ill.·. et T.·. Puis.·. Grand Hiérophante et par l'Ill.·. Grand Chancelier d'une part et par des Dignitaires de la Grande Loge Nationale de l'autre, est définitivement accepté en toutes ses parties par les deux Puissances contractantes.

Art. VIII. — Le présent a été dressé en double expédition. Chacune des deux Puissances contractantes en retient une pour ses propres Archives, se chargeant aussi de la publication officielle du même. Proposé, lu, dressé et approuvé dans la séance annuelle de la Ser.·. Gr.·. Log.·. Nat.·. d'Egypte, le jour XXV du mois de Mai dans l'année dite vulgaire 1879.

Pour le Grand Orient d'Egypte Sup.·. Cons.·. des TT.·. PP.·. Patriarches Grands Conservateurs du Rite Oriental de Memphis.

*Le Grand Maître Grand Hiérophante*
*(signé)* **S. A. Zola 96;**

*Le Grand Chancelier*
*(signé)* **F. F. Oddi 96;**

*Pour la Grande L.·. Nat.·. d'Egypte*
*Pour le Gr.·. M.·.*
*(signé)* **D**r **D. Iconomopoulo Gr.·. M.·. Adj.·.**
*(signé)* **Raph. Borg 2 Gr.·. M.·. Adj.·.**

*ff. de Gr.·. Sec.·. (signé)* **Luigi Zaja**

*Cachet du G.·. O.··*      *Cachet du Rite Or.·.*
*d'Egypte*           *de Memphis*

# Notes au sujet du Concordat.

Art. 1er. — Un grand Hiérophante dont le Rite de Memphis est répudié par l'Angleterre par sa même convention du 15 Décembre 1875, se pose en autorité Souveraine et les deux corps irréguliers se déclarent d'eux-mêmes autorités Souveraines (Sic).

Art. III. — Les Loges Memphitiques étant transformées à l'Ecossisme le 8 Mai 1876, le Rite de Memphis n'a rien cédé à cette irrégulière Grande Loge. Ce serait le Sup.·. Cons.·. présidé par f.·. Sciarrone.

Art. IV. — La Gr.·. Loge reconnaît que son fondateur c'est Zola. Comment un Gr.·. Hié.·. peut-il avoir créé une Gr.·. Loge au Rite anglais, qui ne lui appartient pas et qui n'existait pas ?...

Le Rite de Memphis étant répudié, pourquoi cette Gr.·. L.·. s'est engagé à reconnaître valables les initiations que plairait faire ce Grand Hiérophante, lui avoir accordé ce droit ad Vitam ? Le premier venu admis sans formalités, ni enquête, suffit que ce Zola l'a voulu, c'est un maçon ?......

Que l'on ne demande pas d'aller plus loin.

« Pour l'honneur de l'Ordre, il faut sans hésiter méconnaître « la Grande Loge présidée par f.·. Idris Ragheb. »

9 782019 231804